Jasmin Bellinger

# Nur einen Tag

Poesie Prosa Kurztexte

Bibliografische Information der Deutschen Nationalbibliothek:
Die Deutsche Nationalbibliothek verzeichnet diese Publikation in der
Deutschen Nationalbibliografie; detaillierte bibliografische Daten sind im
Internet über http://dnb.dnb.de abrufbar.

Illustrationen: Jasmin Bellinger & Khooobsurat
Lektorat: Emily Sophie Knepper (@endogiirl)
Korrektorat: Emily Sophie Knepper
weitere Mitwirkende: Maximilian Kircher

Herstellung und Verlag: BoD – Books on Demand, Norderstedt

ISBN: 978-3-7543-1037-3

# INHALT

Ich wünsche mir nur einen Tag.

Einen Tag,
in dem meine ganze Welt in Ordnung und
leise scheint.

Einen Tag,
um neu zu beginnen und zum
alles anders machen.

Einen Tag,
in dem alles mit Leichtigkeit passiert
und ich mich jede Minute aufs Neue lebendig fühle.

*Nur einen Tag*

# UND DU BLEIBST EWIG

Lass uns nicht darüber reden,
was du schon alles erlebt hast,
sondern lass uns all die Dinge und Jahre nachholen,
in denen wir uns noch nicht kannten.

Der schönste Urlaub beginnt nicht mit dem Auto und endet
an der Côte d'Azur,
sondern er beginnt mit den Dingen und Menschen,
die du liebst
und endet mit einem Lächeln.

Manchmal braucht man nur jemanden,
der bedingungslos an einen glaubt,
egal wie schlecht oder gut die Chancen sind.

Die meisten wären schon längst gebrochen,
aber wir bestehen,
weil wir nicht einmal ans Zerbrechen denken.

Liebe ist,
wenn man sich jeden Tag aufs Neue
für die andere Person
entscheiden würde.

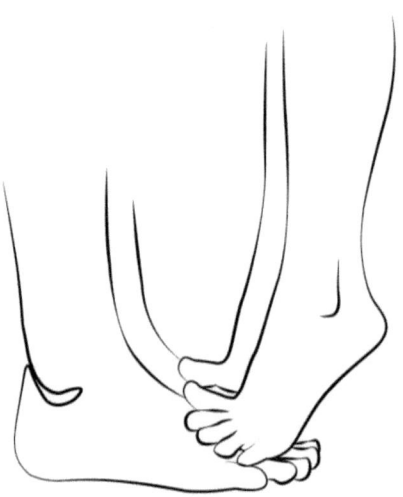

# UND DU BLEIBST EWIG

Ohne dich
kann ich gar nicht so lachen,
wie ich es mit dir an meiner Seite tue.

Ich bin ein Haufen voller Scherben,
aber Du siehst in mir viele kleine Diamanten.

# UND DU BLEIBST EWIG

Liebe kann anstrengend,
nervenraubend und auch verletzend sein.
Wichtig ist nur, dass sie echt ist,
denn dann lohnt es sich
für sie zu kämpfen.

Und wenn mal wieder ein steiniger Weg kommt,
nehme ich dich einfach an der Hand
und wir springen zusammen darüber.

Du bist ein großes Ganzes
und nicht nur eine bessere Hälfte.

Die schönsten Begegnungen sind die,
die das Herz berühren.

## UND DU BLEIBST EWIG

Du baust mich auf
und schenkst mir den Halt,
den ich brauche.
Ohne zu wissen,
dass das, was du mir gibst,
so unglaublich wertvoll ist.

Ich freue mich auf den Moment,
in dem ich dir endlich einen Teil zurückgeben kann,
von dem,
was du mir an nur einem Tag gibst…

Rotwein und dich an der Hand,
verrückt tanzend durch all das Gelächter,
als würde die Nacht niemals enden.

Das Strahlen,
das du mit deiner wundervollen Art in mir auslöst,
könnte Planten erwärmen,
die Lichtjahre von uns entfernt sind.

## UND DU BLEIBST EWIG

Mit dir
wird sogar ein noch so dunkler Himmel
zum schönsten Farbenspiel,
das ich je gesehen habe.

Wenn dich eines Tages der Himmel holen kommt,
werde ich es verstehen,
da du für mich schon immer ein Engel warst.

Mit dir fühlt sich das Leben an,
als würde ich
mit voller Leichtigkeit
in den Himmel schweben.

# UND DU BLEIBST EWIG

Wenn ich wieder falle,
hoffe ich,
dass wenn ich am Boden meine Augen öffne,
ich nichts anderes außer Dich sehe.

Dir ist vollkommen egal,
wie kaputt du bist und ob du bald zerbrichst.
Das einzig Wichtige für dich ist,
dass du vor mir stark bist
und mir deine letzte Kraft gibst.

Ich definiere Liebe damit,
dass man bereit ist,
über die größten Fehler und Macken hinwegzusehen
und diese lieben lernt.
Nur, um mit dem Anderen
weitere schöne Tage verbringen zu können.

Wenn ich mit dir zusammen bin,
ist all die Leere in mir plötzlich verschwunden.

Kennst du das?
Wenn du Jemanden umarmst und weißt,
dass du dich gerade einfach fallen lassen kannst
und bedingungslos aufgefangen wirst?

Wenn du lächelst,
freut sich alles in meinem Körper,
am meisten mein Herz.

Wenn du nur wüsstest,
wie viel mir deine
weichen und sanften Pfoten
bedeuten...

Ich liebe dich,
weil du die Person bist,
die mich sogar wunderschön findet
und zum Lachen bringt,
wenn ich krank bin.

Lass uns eine schöne Geschichte schreiben
und nicht nur ein Happy End.

Und wenn einmal
meine Flügel zu brechen drohen,
bin ich froh,
dass Du da bist und mich auffängst.

Der einzige Grund,
wegen dem ich nicht aufgebe,
bist du.

## UND DU BLEIBST EWIG

Ohne unsere Entfernung
hätte ich wohl nie deine Nähe so zu schätzen gewusst,
wie ich es nun tue.

Streit wird es wohl in jeder Beziehung geben.
Sei Du aber bitte der Mensch
mit dem ich mich noch in 20 Jahren streite.

## UND DU BLEIBST EWIG

Immer wenn Ich am Boden bin,
nimmst Du mich an der Hand
und baust mich aus all den Scherben wieder auf.

Egal ob Berge
oder Strand mit türkisblauem Wasser,
mit dir ist jeder Ort perfekt.

Vertrauen und Liebe ist,
wenn man sich fallen lassen kann,
wenn es einem schlecht geht
und man bedingungslos aufgefangen wird.

Manchmal braucht man nur Jemanden,
der bedingungslos an einen glaubt,
egal wie schlecht
oder gut die Chancen sind.

Und das Einzige,
das am Ende sicher bleibt,
ist die Familie.

# DARK SIDE OF LOVE

Ich fing an zu rennen.
Zwar nicht weg von dir,
aber trotzdem habe ich das Gefühl,
dass unsere Distanz größer wurde.

Schon seltsam,
wie schnell aus Liebe
Hass werden kann…

DARK SIDE OF LOVE

Früher habe ich dir jeden Fehler verziehen
und sogar noch versucht, ihn positiv zu sehen...
Heute frage ich mich,
wie ich nur so viel von meinem Herzen aufgeben konnte,
für jemanden,
der nicht einmal halb so viel geliebt hat...

Eine andere Entscheidung
und wer weiß,
ob wir nun hier ständen...

Wie soll ich dich halten,
wenn ich das Alte noch nicht losgelassen habe?

Manchmal wünsche ich mir,
dass das Funkeln der Sterne so schön wäre,
wie dein Inneres...

Ich entferne mich
immer mehr von dir,
obwohl ich das gar nicht will.

Warum halten wir das fest,
was uns in den dunkelsten Nächten
zum Zerbrechen bringt?


Du hast mich zwar nie wirklich geliebt,
aber trotzdem habe ich durch dich
das Meiste über wahre Liebe gelernt.

DARK SIDE OF LOVE

Liebe kann atemberaubend schön sein,
außer sie raubt uns die Luft
und lässt uns daran ersticken.

Es sind die dunklen und einsamen Nächte,
die uns zum Zweifeln bewegen,
und die Vergangenheit wieder aufleben lassen...

Kann mich jemand zurück an den Ort bringen,
an dem ich meine rosarote Brille verlor
und deine dunkle Persönlichkeit begann zu erkennen?

Nur noch einmal
diesen Abend mit dir erleben.
Der Abend, an dem sich unsere Geschichte
und mein Weg komplett geändert hat.

Und dann macht sich in mir die Enttäuschung wieder breit,
als hätten wir nie einen guten Moment gehabt.

Hoffnung treibt uns an,
sogar daran zu glauben,
dass beim zweiten Versuch
alles anders ausgeht.

## DARK SIDE OF LOVE

Vergib mir nur,
wenn du es nicht nur heute schaffst,
meine schlechten Seiten zu akzeptieren.

Es tut weh zu wissen,
dass meine Geschichte weitergehen wird,
aber du fehlst.

Niemand kann dich glücklich machen,
wenn dein Herz noch nicht bereit ist
und du es nicht zulässt.

Und alles,
was ich nie wollte,
ist, dem Menschen wehzutun,
der mich immer nur glücklich
und lachen sehen wollte.

Als ich realisiert habe,
dass ich dir egal geworden bin,
begann ich zu laufen.
Weg von der Wahrheit,
die mein Herz
in dieser dunkeln und regnerischen Nacht
ertrinken ließ.

Wenn ich ehrlich bin,
hätte ich nie gedacht,
dass Liebe einmal so weh tun kann.

Und an manchen Tagen hilft nichts
außer eine Flasche Wein,
ein guter Freund und eine Tafel Schokolade,
um all unsere Tage zu vergessen.

Jetzt weiß ich,
dass jedes einzelne Wort
und jede Nachricht
von dir gelogen war.

Gekrümmt liege ich am Boden,
und weiß,
dass du nicht kommen
und mir helfen wirst.

Vielleicht war deine Liebe zu mir echt,
aber war es denn meine auch?

Wenn ich mir aussuchen könnte,
was ewig bleibt,
wärst es nach all der Enttäuschung
auf jeden Fall nicht du.

Ich wurde schon oft verletzt,
aber mein Herz
hat noch niemand so sehr gebrochen,
wie du.

Nach all den leeren Versprechungen
frage ich mich,
ob es dir jemals ernst mit mir war?

Wenn ich nur noch wenige Stunden zu leben hätte,
würdest du dann über deinen Schatten springen
und dich noch einmal bei mir melden?

Ich wünschte,
ich hätte früher gemerkt,
dass du mich nicht heilst,
sondern nur noch mehr zerstörst.

Sobald du mir wehtust,
fangen die Sirenen an,
für dich zu heulen.

Schon verrückt,
dass unser Kopf so schnell von etwas loslassen kann,
aber das Herz so viel länger braucht.

Ich will es gar nicht hören,
wenn es nicht ehrlich ist
und von Herzen kommt.

# TIEFGANG IN MEINE SEELE

Was wäre,
wenn es bald vorbei ist?
Könnte ich dann sagen,
dass ich eine gute Zeit hatte?
War ich die Person,
die ich gerne sein wollte?
Und habe ich getan,
was mich glücklich macht?


Zeit für mich selbst
ist mir sehr wichtig geworden,
denn es ist die einzige Zeit
in der mich niemand enttäuschen
und verletzen kann.

Lass dich nicht
an die Leine nehmen,
wenn du auch gleichzeitig
frei sein könntest.

Ich mache mir ständig Gedanken,
was andere über mich denken
oder in mir sehen.
Aber warum?
Denn das Einzige, was zählt,
ist doch,
dass ich selbst ein gutes Bild von mir habe.

## TIEFGANG IN MEINE SEELE

Heute Nacht
möchte ich hoch zu den Sterne fliegen
und erst wieder landen,
wenn die Welt sich endlich dreht
und die Finsternis von ihr verweht...


Oft sagt man,
dass man durch Enttäuschungen im Leben
stärker wird.
Was ist,
wenn ich nicht stärker,
sondern nur nicht mehr
verletzt werden will?

## TIEFGANG IN MEINE SEELE

Warum nicht
den ganzen Ballast hinter einem lassen
und nur noch
mit den kleinen und schönen Dingen
beschäftigen?

Wir gehen mit der Welt um,
als hätten wir eine zweite und dritte in der Handtasche.

## TIEFGANG IN MEINE SEELE

Wenn ich nachts
die Schönheit der Sterne betrachte
und die Stille genieße,
ist plötzlich alles ganz friedlich in mir...

Lieber würde ich nichts mehr fühlen,
statt Tag und Nacht
diesen Schmerz in mir und meiner Seele.

Ich muss gar nicht in den Sonnenuntergang rennen.
Laufen ohne Sorgen würde mir schon reichen.

# TIEFGANG IN MEINE SEELE

Das Feuer in mir brennt wieder lichterloh.
Ich hatte gehofft,
dass es sich nie wieder so in mir entflammen wird.

Manchmal sollte man Niemanden vertrauen,
außer sich selbst.

## TIEFGANG IN MEINE SEELE

Leise schleichen meine Zweifel durch meine Adern,
bis ich kraftlos an ihnen ertrinke.

Lass deine Gedanken
nicht dein Herz und deine Seele brechen,
sondern breche deine Gedanken…

Und dann verpasst man die schönste Zeit in seinem Leben,
weil man ständig auf eine bessere wartet.

80 Milliarden Menschen auf diesem Planeten
und doch fühle ich mich allein.

In dem Moment,
in dem man sich nichts mehr als Gesundheit wünscht,
verliert alles Materielle seinen Wert.

# TIEFGANG IN MEINE SEELE

Wenn ich nicht mal mir selbst vertraue,
warum sollten es dann die anderen tun?

Was wäre nur aus mir geworden,
wenn die Sonne aus meinem Herzen
auch in meinem Kopf scheinen würde.

Ist es überhaupt sinnvoll,
an unsere hoffnungsvolle Stimme zu glauben?
Hat sie uns nicht so oft schon hinters Licht geführt
und im Endeffekt bitterlich enttäuscht?

Es ist der Traum von Erfolg und Akzeptanz,
aber was davon brauchen wir wirklich,
um ein glückliches Leben zu führen?

Verrückt,
dass sich in einer Sekunde
unser ganzes Leben verändern kann.

Lebe ein Leben
an das sich alle erinnern werden.

So sehr konzentriert auf schlechte Momente,
dass ich nichts mehr anderes sah.

Die Sucht nach Perfektionismus
zerstört mein Leben.
Oder warum genieße ich
die schönen Momente nicht?
Nur weil sie nicht ganz perfekt sind?

# TIEFGANG IN MEINE SEELE

Und was ist,
wenn ich gar nicht weiß,
wo ich mal landen und bleiben möchte?

Lass deine Vergangenheit
nicht größer in der Gegenwart werden,
als sie überhaupt noch bedeutet.

# TIEFGANG IN MEINE SEELE

Du siehst sie alle,
aber sehen sie auch dich?

Nicht nur die Tage,
an denen wir vor Freunde übersprudeln,
machen das Leben aus,
sondern auch die Tage,
an denen kein Funke Hoffnung
in uns sein mag.

# TIEFGANG IN MEINE SEELE

Eine andere Entscheidung
und ich stände nun in einem ganz anderen Leben.

Wie nur mit dem Gefühl umgehen,
erneut ersetzt, verlassen
und nicht gewollt zu werden?

# TIEFGANG IN MEINE SEELE

Leider merke ich immer wieder,
wie viele Menschen
nur mit meinem guten Herzen spielen.

Die schwerste Last,
die ich je tragen musste,
sind all diese schweren
und lauten Gedanken in meinem Kopf.

# TIEFGANG IN MEINE SEELE

Manchmal wünsche ich mir,
dass ich all die schlechten Gedanken,
wie eine Pusteblume aus meinem Kopf
verschwinden lassen kann.


Wir können nur von denen verletzt werden,
die wir lieben,
denn alle anderen
können uns nicht so tief treffen.

Seit langer Zeit
endlich mal wieder glücklich,
bis ich es mir kaputt gedacht habe.

# TIEFGANG IN MEINE SEELE

Enttäuschung sollte mit „d" geschrieben werden,
wie Ende,
denn es ist das Ende jeder Täuschung.

Kann ich dir wirklich vertrauen?
Oder bist du doch wie alle anderen?

Es kann nichts Neues
und Wunderschönes entstehen,
wenn man noch am Alten
und Zerbrochenen hängt.

Wie viel Schmerz
muss ich noch aushalten,
bis endlich alles gut ist?

# TIEFGANG IN MEINE SEELE

Nur weil du einen Tag ein guter Mensch bist,
macht es dich noch lange nicht zu einem.

Können wir draußen
über unsere Träume reden?
Im Regen,
denn dann sieht man
meine Tränen nicht.

Auf und davon,
aber wer hat gesagt,
dass es dann besser wird?


Wie können wir verlangen,
dass die Welt sich ändert,
wenn wir nicht mal
bei uns selbst beginnen?

# TIEFGANG IN MEINE SEELE

Wenn man in der Stille
nicht schlafen kann,
weil der Kopf zu laut ist.

Ich bin immer für jeden da,
nur nicht für mich.

# TIEFGANG IN MEINE SEELE

Lass deine Wut los!
Wie der Berg eine Lawine…


Nimm mich an die Hand
und bringe mich an einen sicheren Ort,
denn ich habe hier draußen Angst.
Angst, dass wieder etwas passiert.

Manchmal verhalten sich meine Gedanken
wie Ebbe und Flut.
Mal werde ich überflutet
und manchmal ist nichts da.

## TIEFGANG IN MEINE SEELE

Egal welcher Sturm auch kommt,
Ich habe das Gefühl,
dass immer nur mich das Tief trifft.

Kaum wird es draußen wieder dunkler,
wird es auch finsterer in mir…

# HOFFNUNGSSCHIMMER

Ein Rezept zum Glücklich sein
gibt es nicht,
denn du bist es selbst.
Die Liebe zu dir
köchelt mit den Taten und Werten,
die du liebst.

# HOFFNUNGSSCHIMMER

Vielleicht ist das die Chance,
uns selbst ein bisschen besser kennenzulernen.
Unsere Bedürfnisse zu erkennen
und herauszufinden
nach was unser Herz wirklich verlangt.

Zu lernen,
dass wir vielleicht doch nicht so kalt sind,
wie wir immer dachten
und in uns eine bunte Welt verborgen ist…

# HOFFNUNGSSCHIMMER

Manche Wege eröffnen sich
ganz unerwartet
und genau diese bringen
den schönsten Zauber mit sich.


Es gibt Tage,
da kann ich nicht mal
der Stimme in mir vertrauen,
sondern nur meinen Augen.

Siehst du nicht auch
dieses wundervolle Wesen
im Spiegel?

# HOFFNUNGSSCHIMMER

Entschuldige dich nicht für deine Gefühle,
egal ob Liebe oder Trauer,
denn was wären wir nur ohne sie?

Vielleicht funktioniert mein Körper nicht mehr ganz so gut,
aber Hauptsache,
mein gutes Herz tut es noch.

# HOFFNUNGSSCHIMMER

Hab keine Angst davor,
dass die anderen deine innere Schönheit nicht akzeptieren
und lass sie raus.

Als ich begann,
mich zu schätzen
und zu lieben,
tat es plötzlich
der Rest der Welt auch.

# HOFFNUNGSSCHIMMER

Du hast keine Ahnung,
wie viel Zeit dir noch bleibt.
Also nutze jeden Augenblick
und lache bis in die Sonne untergeht.

Schweige nicht,
sondern komm aus dir heraus
und warte nicht,
bis es dich zerbricht.

# HOFFNUNGSSCHIMMER

Vielleicht nicht perfekt,
aber dafür Ich.

All die Jahre fragte ich mich,
warum mein Leben so kalt und düster ist.
Kein Wunder,
wenn nicht mal Ich
versuche, es liebenswert zu machen.

# HOFFNUNGSSCHIMMER

Warum hat mir nie jemand gesagt,
wie schön das Leben sein kann,
wenn man einfach den Moment genießt.

Manchmal stürmt es tagelang…
aber irgendwann,
lockern die Wolken auf
und Sonnenstrahlen kommen hindurch.

Egal wie verloren ich war,
deine Pfoten gaben mir immer den Frieden,
den ich in mir gebraucht habe.

# HOFFNUNGSSCHIMMER

Und jetzt fange ich an,
in meinem Kopf
und in meiner Seele Platz zu machen…

…nur für die guten Erinnerungen und Gefühle,
die es verdient haben
noch einmal gefühlt zu werden.

# HOFFNUNGSSCHIMMER

Dieser Moment,
wenn nach einer langen Zeit voller Scherben
endlich wieder ein Spiegel entsteht.

Als ich anfing
meinen Schmerz zu akzeptieren,
tat es mein Körper auch.

# HOFFNUNGSSCHIMMER

Welchen Nachteil hat es
positiv in die Zukunft zu schauen?

Man kann nicht immer gewinnen,
aber die Verlierer,
die daraus lernen,
sind verdammt nah dran.

Als ich begann
mich in mich selbst zu verlieben,
liebte mich der Rest der Welt
auch ein bisschen mehr.

# HOFFNUNGSSCHIMMER

Hab Geduld,
denn Glück braucht
genau wie Blumen,
Zeit um zu wachsen.

Geweckt von warmen, sanften Sonnenstrahlen auf der Haut,
welche sogar mein kaltes und düsteres Herz
zum Strahlen bringen.

## HOFFNUNGSSCHIMMER

Was noch fehlt,
ist eine Liebeserklärung an mich selbst.

Trage in dir all das,
was du an einem guten Menschen
zu schätzen weißt.

## HOFFNUNGSSCHIMMER

Jede Jahreszeit hat etwas Besonderes an sich,
aber zusammen betrachtet,
zeigen sie uns,
dass nach jeder düsteren Zeit
wieder etwas Wunderschönes entsteht.

Ein Freund ist jemand,
bei dem du dich nicht immer melden brauchst,
um dich verbunden zu fühlen.

# HOFFNUNGSSCHIMMER

Vielleicht sollten wir manchmal nicht traurig sein,
wenn ein Mensch nicht mehr in unserem Leben sein will.
Sondern froh,
dass er uns die Möglichkeit gibt,
jemanden besser kennenzulernen.

# HOFFNUNGSSCHIMMER

Vielleicht sehe ich
alles einfach nur zu eng
und ich bin gar nicht so schlimm,
wie ich dachte?

## HOFFNUNGSSCHIMMER

Manchmal sollten wir die ganze Welt
einfach um uns herum vergessen
und einfach leben.

Verfolge deine Träume
und nicht Menschen und Dinge,
die dich nicht glücklich gemacht haben.

# HOFFNUNGSSCHIMMER

Den Tag heute wirst du nie wieder erleben.
Warum also nicht etwas Gutes draus machen?

Wahnsinnig zu sein,
hat nicht unbedingt
etwas Schlechtes zu heißen.

Hast du schon mal eine Chance bereut,
weil du sie genutzt hast?

# HOFFNUNGSSCHIMMER

Jeder Traum kann zur Realität werden.
Du darfst nur die Hoffnung nicht aufgeben.

Unsere Gesichter werden sich mit der Zeit verändern,
aber ein gutes Herz wird bleiben.

# HOFFNUNGSSCHIMMER

Lieber allein glücklich werden,
als zusammen unglücklich sein.

Gestärkt
von jedem einzelnen Schmerz,
den ich je aushalten musste.

# HOFFNUNGSSCHIMMER

Als ich begann,
Schönheit nicht nur im Spiegel,
sondern im Herzen zu sehen,
merkte ich erst,
wie wunderschön ich strahle.

# HOFFNUNGSSCHIMMER

Die einzige lebenslängliche Romanze,
die du sicher hast,
ist, wenn du dich selbst liebst.

So viele Menschen
würden alles für eine Seele wie dich geben,
also verkaufe dich nicht unter deinem Wert
und lass dich wirklich lieben!

# HOFFNUNGSSCHIMMER

Vielleicht sollte ich
meine Gedanken nur zu 50 % zählen.
Dann klingt alles
nur noch halb so hart.

Träume groß,
denn das ist das Einzige,
dass uns in dieser dunklen Zeit noch bleibt...

# HOFFNUNGSSCHIMMER

Man kann sich nicht aussuchen,
wie man aussieht.
Aber man kann sich aussuchen,
wie hässlich oder schön
sein Inneres ist.

# HOFFNUNGSSCHIMMER

Lass uns glücklich sein,
wie zwei tanzende Blätter
an einem schönen Herbsttag.

Und morgen versuche ich wieder
alles los und gehen zu lassen,
was mir nicht guttut.

# HOFFNUNGSSCHIMMER

Eines Tages
springe ich hoffentlich mit aller Leichtigkeit
durch eine Blumenwiese
und Feier das Leben.

# BALSAM FÜR DIE SEELE

Du bist so viel mehr wert,
als Gold es jemals sein wird.

Du bist stark,
denn du hättest auch längst schon aufgeben können…

Und jetzt konzentrierst du dich mal nur auf dich selbst
und hörst auf, danach zu schauen,
dass es den Anderen gut geht.

Stell dich nicht in die letzte Reihe,
denn du bist deine eigene Nummer eins.

# BALSAM FÜR DIE SEELE

Nur weil du dich selbst nicht immer lieben kannst,
heißt das nicht,
dass du es nicht verdient hast,
geliebt zu werden.

Du musst nicht alles meistern,
nur um der Norm zu entsprechen
und um mit dem Strom zu schwimmen.
Denke an dich,
komme Deinen Zielen näher und nicht die der Anderen.

Hast du schon mal einen Menschen
mit einem so wundervollen Charakter und Herzen gesehen,
wie du es täglich im Spiegel tust?

Auch wenn es sich oft so anfühlt...
du bist niemals allein.

Schönheit kommt von innen,
deswegen wächst aus dir
ein wunderschönes Blumenmeer.

# BALSAM FÜR DIE SEELE

Gib nicht auf!
Denn hast du es einmal
komplett durch die Wolken geschafft,
kann dir die wärmende Sonne keiner mehr nehmen.

Sei nicht eine von vielen.
Du hast es verdient,
die Nummer eins zu sein.

# BALSAM FÜR DIE SEELE

Kämpfe gegen das Feuer in dir.
Du bist stark genug,
um es zu löschen.


Tue Gutes nicht,
weil die Gesellschaft es von dir verlangt,
sondern weil dein Herz sich danach sehnt.

# BALSAM FÜR DIE SEELE

Furcht und Neid
zeigt nur,
dass die Konkurrenz stärker ist,
als man wahrhaben will.

Vergiss nicht Liebes,
dass der Neid von ihnen entsteht,
weil du gefährlich bist.

Du.
Genau Du.
Du hast dein Leben in der Hand,
also starte in den Tag mit dem Willen,
alles zu erreichen,
auch das unmögliche.

Du verdienst es immer geliebt zu werden
und dass sich jemand um dich kümmert.
Vor allem an den Tagen,
an denen du dich selbst
nicht mal lieben kannst.

# BALSAM FÜR DIE SEELE

Du darfst ruhig stolz auf dich sein,
denn du hast ohne es zu merken,
mit deiner Stärke so viele andere inspiriert.

Ich brauche keinen großen Kreis
an Menschen um mich herum.
Wichtig sind die wenigen,
bei denen ich mich fallen lassen kann.

Liebes,
ich weiß, dass du glaubst,
dass du all das,
was in diesem Leben noch auf dich zu kommt,
nicht schaffst.
Aber lass dir sagen,
Du und dein Herz seid stärker als ihr glaubt!

# BALSAM FÜR DIE SEELE

Ein ganz besonderes Herz
wird immer nur für dich schlagen
und zwar ist es deins.

Wenn es dich glücklich macht,
ist es egal, was andere darüber denken

Auch wenn du dich schwach fühlst,
durch jeden Versuch, den du machst,
wirst du stärker und stärker.

Sprich mir nach:
Ich bin gut so wie ich bin,
auch mit all den schlechten Gefühlen
und Momenten, die ich hatte.

# BALSAM FÜR DIE SEELE

Hätten mehr Menschen
so ein gutes Herz wie du,
dann wäre die Welt
wohl ein Stückchen schöner.

# BALSAM FÜR DIE SEELE

Wenn du mal einen Tag
nicht weißt, wer du bist
oder was du willst,
dann du nicht schwach,
sondern menschlich.

Sei die schönste Melodie,
die du kennst,
in einer Welt voller Lärm.

# BALSAM FÜR DIE SEELE

Pflege dich
wie ein kleines, vertrocknetes Pflänzchen
und zwar jeden Tag.

Egal ob Speck oder Rippen:
Ich bin schön, so wie ich bin!

Sorge für dich
wie eine Mutter für ihr einziges Kind.

Und jetzt mache ich Platz in meinem Kopf
und zwar nur für die guten Gedanken!

Ich wünsche mir einen Tag,
an dem ich den Mut fasse,
an neue Ufer zu schwimmen.

Einen Tag,
an dem ich alles schaffen kann,
was auch immer ich erreichen will.

Nach diesem Tag,
werde ich mich vollkommen und
lebendig fühlen
und nutze jede Sekunde,
um frei zu sein.

Ich bin mir sicher,
dieser Tag wird kommen,
ab dem alles besser
und leichter scheint.

Bis dahin werde ich warten,

*auf nur diesen einen Tag.*